Sterne singen

Stefanie Burgunder

Sterne singen

Gedichte von Vater und Tochter

Bibliografische Information der Deutschen
Nationalbibliothek:

Die Deutsche Nationalbibliothek verzeichnet
diese Publikation in der Deutschen
Nationalbibliografie; detaillierte bibliografische
Daten sind im Internet über http.//dnb.dnb.de
abrufbar.

Herstellung und Verlag
BoD – Books on Demand, Norderstedt

ISBN: 9783744820387

Inhalt

Vorwort

An seinem Sterbebett bin ich meinem Vater zum sechsten und letzten Mal in meinem Leben begegnet. Ich kenne nur Bruchstücke seiner Lebensgeschichte und doch ist Nähe zwischen uns entstanden.
Wir haben eine Gemeinsamkeit entdeckt, die uns über seinen Tod hinaus verbindet, unsere Gedichte.

Vater Fred und Ich

Als Tochter einer alleinerziehenden Mutter, mit der ich eine sehr schwierige Geschichte schreibe, ahnte ich nicht, dass es noch eine zweite Geschichte geben wird – nämlich die von meinem Vater und mir.

Sehr isoliert aufgewachsen, habe ich lange nicht bemerkt, dass andere Kinder Väter haben. Für mich war es normal alleine mit meiner Mutter zu leben und in den Ferien oder bei Krankheit von meiner Grossmutter betreut zu werden. Ein Vater fehlte mir nicht. Kann man denn jemanden vermissen, von dem man nicht weiss, dass er existiert?

∞

Anfangs Schulzeit erlebe ich einen heftigen Schock. Bei einem Gefühlsausbruch meiner Mutter erfahre ich, dass ich einen Vater habe, nur will er nichts von mir wissen. Mein Vater, ein Mensch, dem ich jederzeit begegnen könnte ohne ihn zu erkennen.

„Warum willst du mich nicht?" fragt das kleine Mädchen.

Tausend Fragen, kaum Antworten. Meine Mutter ist nicht gewillt, von ihm zu erzählen. Ich erfahre nur, Vater hat blaue Augen und dichtes lockiges Haar wie ich. Ich erschaffe mein eigenes Vaterbild, verschlinge Geschichten über Bilderbuchfamilien, träume von einer eigenen glücklichen Familie.

∞

In der Pubertät spüre ich, dass ich meiner grossen Schulliebe nie genüge. Immer dieses schmerzhafte Gefühl, mir fehle etwas oder ich mache etwas falsch. Meine Haare zu braun, mein Wesen zu wild, mein Zuhause kein gemütlicher Ort. Und ich leide darunter, dass ich als Kind einer Mutter ohne Mann bei vielen Eltern meiner Schulkameradinnen nicht willkommen bin.

„Warum bist du nicht an meiner Seite und verteidigst mich?", fragt die Jugendliche.

∞

Ich werde Männern gegenüber unsicher, suche nach Bestätigung und Anerkennung. Ich habe viele Liebschaften, fühle mich leer dabei. In mir ist eine grosse Sehnsucht nach einem Menschen, der mich liebt, so wie ich bin.

∞

Volljährig will ich endlich wissen, wer mein Vater ist. Von meiner Grossmutter erfahre ich seinen Namen. Ich nehme allen Mut zusammen und rufe ihn an. Fred ist erstaunt, dass ich mich melde, aber er will mich besuchen kommen. Dann ist er da - ein leicht ergrauter Mann, mit Jeans und Turnschuhen. Irgendwann sitzt Fred mit mir auf meinem Bett, im Hintergrund läuft auf seinen Wunsch Musik aus den 70er Jahren. Es ist eine Begegnung mit einem mir fremden Menschen, der mir doch seltsam vertraut erscheint. Schaue ich in sein Gesicht, erscheint manches wie ein Spiegel, anderes gibt keinen Widerschein. Die gelebte Zeit zwischen uns fehlt.

∞

Ich will mehr über ihn wissen und treffe ihn in seiner Wohnung.

Sein Freigeist und die entdeckten Gemeinsamkeiten faszinieren mich. Und doch ist eine unsichtbare Grenze da, die ich nicht überschreiten kann und will, aus Angst vor Verletzung. Die Grenze heisst Unverbindlichkeit.

Der Kontakt zwischen uns schläft ein. Immer bin es ich, die den Austausch sucht und irgendwann gebe ich auf. Die Einseitigkeit ist frustrierend und tut weh.

„Warum interessierst du dich nicht für mich?" fragt die junge Frau.

∞

In mir wachsen Aggressionen gegen gleichgültige und egoistische Männer. Begegne ich einem solchen Mann, spüre ich eine unsägliche Wut, eine zerstörerische Energie. Es ist ein Boxkampf gegen Freds Schattengestalt.

∞

Ich lerne meinen Mann kennen, bekomme einen Sohn und eine Tochter. Die Ehe ist schwierig, aber ich will meinen Traum von einer glücklichen Familie nicht aufgeben.

Zu einer Familie gehören auch Grossväter und Fred ist einer davon. Ich wünsche mir, dass meine Kinder ihn kennen lernen, zumindest einmal sehen können. Nach Jahren des Stillschweigens rufe ich Fred an, erzähle ihm von meinem jetzigen Leben. Fred blockt ab. Ich will nicht wieder verletzt werden, will auch meine Kinder vor Enttäuschungen schützen. Unser Kontakt bricht für viele Jahre wieder ab.

„Warum interessierst du dich nicht für meine Kinder, die auch ein Teil von dir sind?" fragt die junge Mutter.

∞

Die Zeit läuft weiter, auch ohne Fred. Manchmal frage ich mich, wieso sich die Männer in meiner Nähe aus meinem Leben stehlen. Mein Grossvater ist früh verstorben, mein Onkel hatte keinen Bezug zu mir, mein Ehemann trennt sich von mir.

∞

Bis ich Fred wieder sehe, vergehen fast drei Jahrzehnte.

Ich ziehe meine Kinder gross und male mein eigenes buntes Familienbild. Ich werde Psychologin, wende mich der Spiritualität zu und mache mich als Therapeutin selbstständig. Ich lerne eine Frau kennen und lieben und wir heiraten. Ich verliere Menschen aus den Augen und gewinne andere für eine lebendigere Freundschaft. Ich gehe meinen Weg, werde reifer, bewusster, achtsamer.

∞

Von meinem Halbbruder Thomas erfahre ich, dass unser Vater sehr krank ist. Es ist ein innerer Ruf, Fred zu sehen, bevor er diese Erde verlässt. Ich fahre mit meiner Frau zu ihm, dankbar, dass sie mich begleitet. Ich weiss nicht, was das Wiedersehen auslösen wird, aber mein Herz ist offen.

Ein alter Mann am Rollator öffnet uns die Türe und begrüsst uns etwas überrascht, aber freundlich.

Und dann geschehen Wunder: wir sitzen zu dritt zusammen, als gäbe es keine Zeit, nur das Hier und Jetzt. Nähe entsteht, wie sie vorher nie da war.

Manchmal vergisst Fred wieder, wer ich bin, manchmal hält er mich für meine Mutter. Er erzählt von sich und ich erzähle von mir. Er zeigt uns Fotos, spielt uns Geige vor, liest aus seinen Gedichten. Beim Abschied überreicht mir Fred einen Stapel vollgeschriebener Seiten und bittet mich Ordnung in seine Gedichte zu bringen. Ich nehme sie als Kostbarkeit mit und versinke zu Hause in die Sprachwelt meines Vaters. Lerne einen Mann kennen, der wie wir alle geliebt, geträumt, gelebt hat. Ein Seelenverwandter, denn schreibend vertiefe auch ich mich schon lange in das Leben. Ich bringe seine Gedichte in Buchform. Fred ist begeistert und berührt. So kann er seinen Freunden und Kindern etwas Persönliches aus seinem Leben hinterlassen.

∞

Ich sehe Fred noch drei Mal. Bei meinem letzten Besuch, kurz vor seinem Tod, liegt er erschöpft im Bett. Ich lege zum Abschied meine Hand auf seine Wange, er legt seine Hand auf meine. Ein inniger, intimer Moment. Ein Vater und eine Tochter sagen sich in Liebe versöhnt Adieu.

Gedichte von Fred

Beginnen sollte der sonnige Morgen

mit einem Gedicht

doch es blieb im Morgen verborgen

vielleicht dass es abends

zu mir spricht

oder kurz vor Mitternacht

mir zum Traumbild erwacht

so sei denn der Tag

ganz sachlich verbracht

Wär ich ein Vogel

müsst ich immer fliegen

und würde lieber

dort unten im grünen Gras

einfach nur liegen

lieg ich im grünen Gras

möchte ich mit den Vögeln dort

hoch oben fliegen

statt hier zu liegen

So wide the field
covered with snow
tiny black spot
a crow

smoke from a house
tree in black white
if you speak German
say Winterzeit

Auf dem Milchkalb

bin ich geritten

mit der weissen Fee

bis in die Stadt

mit den neunzehn Mäusetürmen

dort streich ich nun

über die steilen Zinnen

bis mich eine Dachkammer

in ihrem Spinnennetz fängt

dort hänge ich nun

im zwölften Schlag Mitternacht

die Augen voller Mond

Kazoo Kazoo

das Nilpferd drückt die Augen zu

leg dich zu ihm

der Schlamm ist warm

und trink ein kühles Bier

wär da nicht der Moskitoschwarm

was wär das für ein Abend

das Ufer drüben stumm und grün

der Fluss blutrot

flussab ein Boot

daneben ein gefällter Baum

nein nein ein Krokodil

dein dumpfes Hirn denkt vor sich hin

das Biest, das Rot

und wo bei Gott ist denn der Missionar

Ranken sich zum vollen Mond
Kerbel und Lupinen
wehen aus dem Wiesengrund
Schleier und Undinen

sinken in den Schattenschlaf
drüben alle Bäume
webt ein Mondstrahl im Geäst
ihre Silberträume

Herbstträg sind die Wespen

Nachmittagssonne

wärmt meinen Rücken

der nach einer Liege verlangt

die Sonnenstoren ziehe ich nicht

sondern bade im Herbstlicht

Die kleine Blume

ihre weissen Blütenblätter weit geöffnet

blickt mich an

und damit spricht sie zu mir

in ihrer wort- und lautlosen

Blumensprache

und ich antworte mit Stille

Der Vogel weggeflogen

noch wippt der Zweig

Dürres Laub

fegt der Wind

die Strasse entlang

leer die Bänke

unter den Bäumen

da ist keine Liebe mehr

Sie war so geheimnisvoll

wie eine Orchidee

sie trug eine Maske

aus Alabaster

wenn sie im Schlosspark

spazieren ging

achtlos vorbei

am Lächeln der Anemonen

Stille breitet sich aus
in den Teich fiel ein Stein
eine Frage blieb ohne Antwort

So wie das Buch in dem du blätterst

ohne dein Zutun zufällt

so sagtest du

Adieu

Mit unseren schweren Schuhen

sind wir durchs Laub geraschelt

haben Rübenlichter auf Stecken getragen

und summten Lieder

dann kam die klappernde Strasse

von umgepflügten Äckern begleitet

das Dorf kam uns mit erleuchteten

Fenstern entgegen

die Häuser, die Stuben öffneten ihre

Türen

zu heisser Suppe und Punsch waren wir

eingeladen

Süssigkeiten steckten sie uns in die

Taschen

dann fallen die Türen hinter uns zu

draussen erwartet uns die kalte Nacht

Unter dem Giebeldach
im Staub vergangener Jahre
zerfledderte Schachteln

Zinnsoldaten marschieren auf
Puppen suchen nach ihren verlorenen
Gliedern
die Spinnen hängen
zerbrochener Christbaumschmuck
in ihren Netzen ein schimmliger Strahl
durch eine Ritze scheucht Schatten auf

erinnerst du dich
an unsere verbotenen Spiele
erinnerst du dich
an diesen Geruch?

Wenn die Rosen

bei den Marmorgruften weinen

im Cimitero Kerzenlichter flackern

die Zypressen sich verschatten

und die Nacht die Sternenlichter löscht

dann mach alle Läden zu in deinem Haus

und mach alle Lampen an

sonst fängt Dunkles in dir

zu rumoren an

Ein frühes Licht
die Sonne gähnt
hinter den Bergen
und du liegst neben
deinem Traum
Verkehr rauscht auf
erst fern jetzt nah
du putzt die Zähne
dein Tag ist da

Stumme Stühle

in den Fenstern steht Nacht

Jalousien halb gezogen

warten auf kommenden Tag

Wenn die Wolken auf die Berge fallen

dann pass auf

denn die Berge könnten in die Täler

stürzen

sicher wohnst du in den Ebenen noch

die Flut der Täler holt die Ebenen ein

klar du kannst dich in die Luft erheben

doch die Wolken werfen dich mit

Schauerregen auf die Erde nieder

sag:

wohin willst du dich bewegen?

Der Architekt sagt

das Gesicht der Fassaden

machen die Fenster:

strenge Fenster

oder glotzende Fenster

oder blinde Fenster

oder leere Fenster

oder blinzelnde Fenster

oder glitzernde Fenster

oder verhangene Fenster

wo aber sag mir Architekt

gibt es noch die kleinen Fenster

die zwischen grünen Läden lächeln?

Es wird wieder Winter werden

natürlich wird es wieder Winter werden

schon fällt gelbes Laub von den Bäumen

bald sind sie kahl

im Nebel des Sees verloren ein Boot

wär ich ein Vogel flöge ich nach Süden

doch man hat mir

die Flügel gestutzt

Einst läuteten Glocken die Stunden an

jetzt klicken sich Junge

in virtuelle Zeiten

und der alte Mann lebt in Erinnerungen

was unverdaute Zeit ist

vergiss sie

für die Zukunft hat er keine Pläne mehr

doch jetzt Alter jetzt

ist für dich Jetztzeit

Sekunde für Sekunde

ist Zeit der Fülle

leb es

Ich träumte ich löse mich

wurde zum Wind

strich über Wiesen und Ackerland

entlang dann dem Wald

nistete dort kurz im Gebüsch

wehte über den blauen See

und löste mich auf

in dem aus dem ich kam

Verstummt der Vogelgesang

Nacht nistet schon im Geäst

bald *singen die Sterne*

Gedichte von Stefanie

Wenn ich mich in die Nacht träume

tanzen die Engel

und *die Sterne singen*

ihr lebendiges Lied

der Nachtwind schmeckt

wie frisches Brot, das ich breche

bis es warm in den Mündern

meiner Freunde liegt

Ein Engel hat meine Schultern gestreift

wie weich und weit sie werden

lächelnd dehnen sie sich aus

nehmen die Arme mit

ein paar Flügelschläge . . .

Fragend bin ich und doch tief wissend

das Dunkle kenne ich und bin doch Licht

ich spüre manchmal Enge

und bin doch immer Weite

fliegen möchte ich

und gleite seit Ewigkeiten

über meinen Leben

Mensch bin ich und Engel

Ich trage einen Engel im Gesicht
geboren aus einem Lächeln
und der Fülle des Herzens

aus dem goldenen Fluss
ist er an meine Ufer gestiegen

und wir sind uns Heimat geworden:
ich bin er und er ist ich

Die göttliche Liebe singt mich
sie singt mich in allen Tönen

in den Himmeln meines Engelseins
und in den Wurzeln meines Baumes

sie singt mich innen und aussen
singt mein Wachsen in die Liebe

Die Stare zwitschern in den farbigen
Bäumen
erzählen sich die Geschichten des
Sommers
bereiten sich vor auf den langen Flug

auch die Engel reisen
in den Süden der Herzen

Schneeflocken schmelzen
in der Wärme meiner Hände

weich und warm – kein Widerstand
lass so meine Winter werden

Wenn ein Nebelmund den anderen küsst
und Hügel sich die feuchten Decken
über ihre Leiber ziehen

wenn das Grau die Farben von den
Hängen leckt
und Kälte sich an die Wurzeln schmiegt

reift der Hintergrund
für meine innere Sonne

Noch glitzert weisser Schnee

da fällt ein Vogelruf

wie ein Same in mein Herz

es duftet nach erwachender Erde

Dein Herz duftet nach Freiheit und
Liebe
deine Füsse tanzen Sommerwind
und Licht

der Himmel ist weit – die Tage
lang
und doch ahnst du die Wende

die Ernte deiner Schritte
das Ruhen in der Nacht

Der Sommerwind im Ährenfeld
streichelt meine Wunden glatt

nackte zarte Haut
zu früh noch
um berührt zu werden

und doch träume ich deine Lippen
auf meinem Herzen

Meine Hände begehen den Weg

der Liebe

streicheln deine zarten Stellen

gleiten über deine Unebenheiten

liebkosen alte Narben

erwecken neue Empfindungen

locken deine Lust

verweilen in Sanftheit

erforschen jede Stelle

führen mich in deine Tiefen

begreifen dein Wesen

meine Hände berühren deine

Hände - sind angekommen

werden eins

wir sind Liebe

Silberwellen tanzend im Wind

ich atme Jahrtausende ein

und atme Jahrtausende aus

in mir die ewigen Gezeiten

rolle ich an den Strand des Lebens

möge die Liebe das Land liebkosen

Wenn die Tochter der Mondgöttin

ihre Strahlen über mich ergiesst

erwachen meine Sinne

und ich wachse in die Tiefen

geborgen im eigenen Schoss

Manchmal möchte ich singen
wie eine Nachtigall

sie singt so weich wie ihre Federn
sind und samten in die Nacht

bis in die Morgendämmerung
möchte ich singen
und summend den Tag begrüssen

meine Lieder tönen lassen
über den Nachmittag hinaus
weit in den blauen Abend

singen möchte ich manchmal
wie eine Nachtigall

Mich erinnern dass ich Flügel habe
Sternenstaub in Haar und Wimpern
Regenbogenfarben schimmernd
auf der Haut

mich erinnern dass ich singen kann
die Urmelodie im Herzen
vertrauend dass ein Schrei der Seele
ein Schrei der Freude sein kann

mich erinnern
dass ich träumen kann
Peter Pan über schlafenden Dächern
und ich Frau und Kind

wenn die Zeit da ist
mich erinnern und fliegen

Ein Schritt orange
ein Schritt Freude

immer wieder neue Wege gehen
neugierig und voller Vertrauen

die Füsse dem lichten Stern entgegen

Sei manchmal einfach Sonnenblume

wende dich dem Licht zu
und trinke dich satt
dann lasse dich ernten

Sich in die Tiefe sinken lassen
heimisch werden

nicht an die Oberfläche tauchen
um ängstlich Luft zu holen

warten bis es weit wird

Die Verschiedenheit der inneren

Landschaften erforschen

sich auch in die Kargheit wagen

nichts hinzufügen müssen

ihre Schönheit annehmen

Singe der Erde dein Lied

bis es in ihrem Urbauch

zu vibrieren beginnt

und ihre Schösslinge ins Licht drängen

vertrauensvoll wachsend

folgen sie den Tönen

spürend und wissend

sie sind selber Gesang

Schau in dein Herz
auf den goldenen Grund

wirf alles in den Fluss der Liebe
was die Sicht dir trübt

schlussendlich auch dein Bild
lass es treiben – ohne Angst

und wende dich deinem Wesen zu

Wirf das Gold ab
wie die Birke am Ufer
lass es tanzen im Wind
verschenke dich Blatt für Blatt

dann werde still
geborgen in deinen Jahresringen
webe am Gold deines Herzens

Sterne säen bei jedem Schritt

Lichtsamen für den Schoss der Erde

liebend gehen und manchmal einfach
innehalten

spüren was am Wachsen ist

Vater Fred und Ich

„Was ist Versöhnung?", fragt die Tochter

Versöhnung ist Loslassen von Bildern und Erwartungen.

Versöhnung ist Annehmen der Lebensgeschichte.

Versöhnung ist in der Liebe zu Hause zu sein.

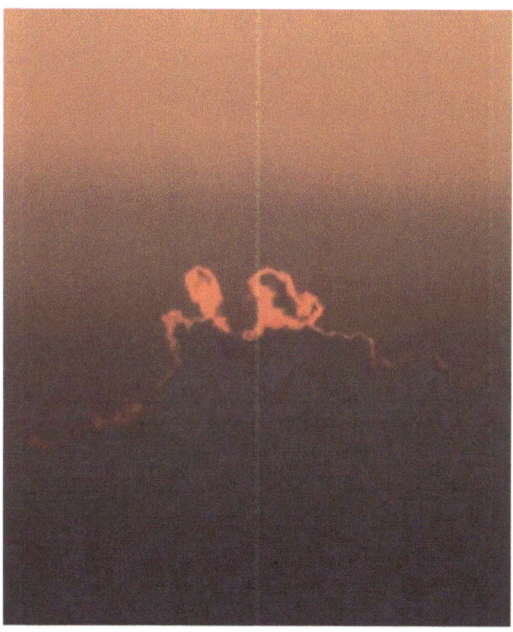

Danksagung

Mein herzlicher Dank gilt meinem Halbbruder Thomas Bertschi (imagine-rainbow.ch) für die Idee zu diesem Buch, seine Anregungen und das Foto auf dem Cover und auf Seite 65.
Ich freue mich, dass wir mit den Jahren Herzgeschwister geworden sind.

Quellen

Bertschi, Fred (1918 - 2009):
Beginnen sollte der sonnige Morgen mit
einem Gedicht (2009)

Burgunder, Stefanie: Engeltanz (2007),
Mensch bin ich und Engel (2012),
unveröffentlichte Gedichte (2013 - 2018)

Über die Autorin

Stefanie Burgunder, Jahrgang 1959, lebt mit ihrer Frau im Kanton Solothurn. Sie arbeitet als selbstständige Psychologin und spirituelle Therapeutin (www.dhanyanda.ch) und liebt neben dem Dichten und Schreiben das Singen aus dem Herzen (www.herzsingen.ch).